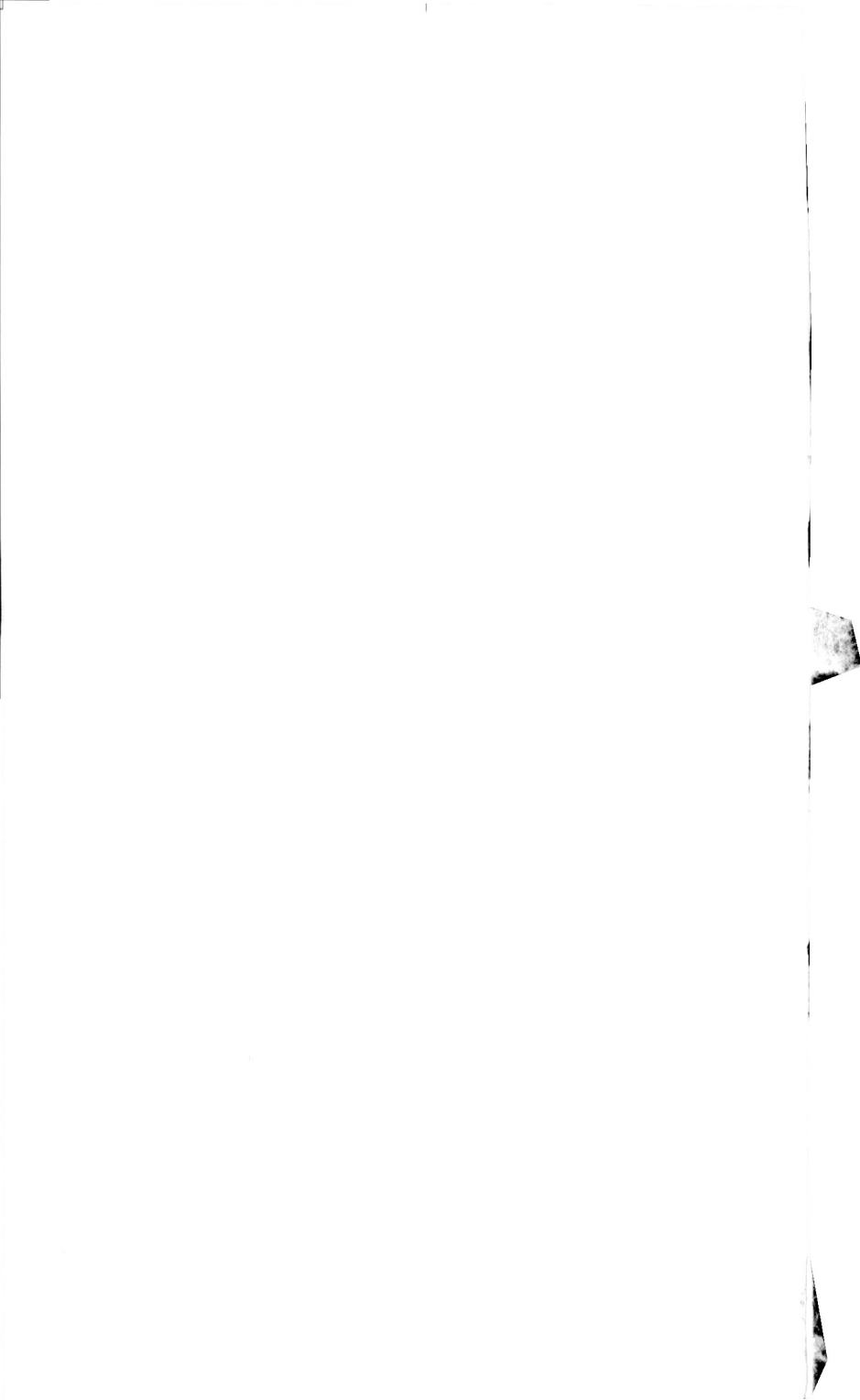

李金元语录

李金元　凯文·麦康基　著

ALCANZAR TU SUEÑO

Reflexiones de Li Jinyuan

De Li Jinyuan, Kevin McConkey

壹嘉出版 1 PLUS BOOKS

前言

作为一名中国公民、企业家、慈善家，李金元先生行事低调，他将帮助他人获得健康、幸福和财富视为自己的责任，支持、帮助了世界各地的人们。

他追求人性的基本美德，他的领袖气质散发着独特的魅力，他对于全人类大家庭有着大爱。只要你听过他的讲话，你就会清楚地看到他是如何理解中国古代的传统文化和把握现代中国的发展方向，他透彻而充满力量的评论影响激励了很多的人。

出版这本书是为了将他的理念传播得更远，引导读者在自己的生活中进行反思并付诸实践。凯文 · 麦康基通过与他进行讨论和回顾他的演讲，以“健康”、“幸福”和“财富”作为关键词，总结提炼了他的人生感悟。这也是李金元先生所希望的。

Prefacio

Li Jinyuan, como persona, empresario, filántropo y ciudadano de China, ha asistido, guiado y brindado apoyo a muchas personas en todo el mundo. Lo ha hecho en silencio y sin ostentación, creyendo que es su responsabilidad ayudar a los demás a alcanzar la salud, la felicidad y la fortuna.

Su profunda creencia en la bondad esencial de las personas, su propio carisma como líder, su amor y compromiso hacia la familia humana, su incorporación de las tradiciones de la China antigua y la dirección de la China moderna resultan claros para la gente cuando escuchan su palabra. La claridad y el poder de sus comentarios han inspirado a muchas personas.

Esta recopilación de los pensamientos de Li es una manera de llevar su voz más allá, y de hacerlo de manera que los lectores puedan regresar a sí mismos para la reflexión y como una guía en sus propias vidas. Kevin McConkey recopiló sus pensamientos mediante la discusión y a través de un repaso de las presentaciones y los discursos de Li. Hemos reunido las palabras y los pensamientos claves bajo las amplias categorías de salud, felicidad y fortuna, porque eso es lo que Li Jinyuan desea para todos.

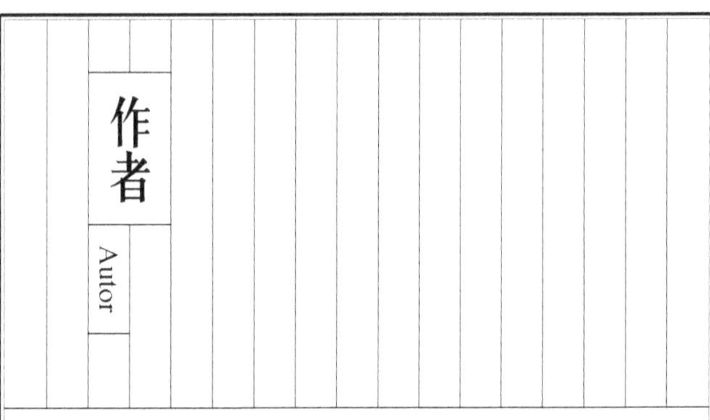

李金元毕业于南开大学。他是天狮集团的创始人，这是一家总部位于中华人民共和国天津市的民营企业。由于他的工作和对社会的贡献，他曾多次获得国际、国内奖项。本书包括一篇他的简短传记。

Li Jinyuan es graduado de la Universidad de Nankai. Es fundador y presidente de Tiens Group Co. Limited, una empresa privada con sede en Tianjin, República Popular de China. Ha recibido premios y honores en China y en todo el mundo por su trabajo y sus contribuciones a la sociedad. Este libro incluye una breve biografía de Li.

李金元　Li Jinyuan

凯文·麦康基毕业于澳大利亚昆士兰大学，是新南威尔士大学心理学荣誉教授。他是天狮集团的国际顾问。他曾获得多种奖项和荣誉，包括澳大利亚社会科学院研究员，澳大利亚公司董事协会成员，以及澳大利亚勋章。

Kevin McConkey es graduado de la Universidad de Queensland y Profesor Emérito de Psicología en la Universidad de Nueva Gales del Sur, Australia. Es asesor internacional del Grupo Tiens. Ha recibido premios y honores en Australia, incluyendo ser miembro de la Academia de Ciencias Sociales de ese país, miembro del Instituto Australiano de Directores de Empresas y miembro de la Orden de Australia.

致谢

Agradecimientos

我们非常感谢李金元先生与我们讨论并分享他的想法。我们也要感谢张可、杨学哲和李至斌的协助，帮助我们整理汇编李金元先生在演讲文稿和会议报告中的精彩论点与思想火花，感谢克里斯多夫·希迪准备传记摘要并审校英文，感谢尉明辉、杨学哲、李至斌、路茜、刘玉莹和张艳菁准备和审校中文，还要特别感谢阎玉鹏和路茜的协调配合。我们还感谢视觉共振设计工作室提供设计和插图，以及壹嘉出版和咨询公司的刘雁对出版物的整体编校和协调。

Agradecemos a Li Zhibin, Yang Xuezhe y Zhang Kee por su ayuda en la búsqueda de los comentarios de Li en sus discursos y presentaciones; a Christopher Sheedy por preparar la breve biografía y por revisar las expresiones en idioma inglés; y a Li Zhibin, Lu Xi, Liu Yuying, Wei Minghui, Yang Xuezhe, Michael Yu y Zhang Yanjing, por preparar y revisar las expresiones en idioma chino. También transmitimos un especial agradecimiento a Lu Xi y a Yan Yupeng, por la coordinación general y el fuerte apoyo.

También agradecemos a PanGoVision por el diseño y la ilustración, y a Liu Yan de 1 Plus Publishing and Consulting por la revisión editorial y la coordinación de la publicación.

李金元小传

克里斯多夫·希迪

他以超凡的想象力创造了世界上最大的聚焦大健康产业的跨国集团之一。他白手起家，如今公司已经发展成为业务遍及190多个国家和地区，赢得4000多万家庭消费者信赖的跨国集团。亿万富豪企业家李金元先生以其独到的商业模式，激发了全球千千万万的创业灵感，带来事业机会。他的财富历程充满了坚定的决心，他的事业成功基于对人性的深刻理解与精准把握。这些独到的见解，使得李金元先生能够广泛汇聚他人参与到他的事业梦想。

Christopher Sheedy

Breve Biografía de

Li Jinyuan

Un hombre imaginó y creó una de las organizaciones más grandes del mundo enfocadas en la salud. Por sus propios medios, construyó la empresa desde cero hasta llegar a lo que es hoy en día, una reconocida multinacional con más de 40 millones de clientes en 190 países. Siendo una inspiración para miles de personas en todo el planeta, el empresario multimillonario Li Jinyuan encontró su propio camino en el mundo de los negocios, su odisea fue impulsada por pura determinación y por su éxito sustentado en una profunda e innata comprensión de la naturaleza humana. Este entendimiento le ofreció el poder de involucrar en su sueño a los demás.

El camino hacia el éxito no fue fácil y se caracterizó por la lucha, pero el emprendedor no lo hubiera podido lograr de otra manera. La odisea, dice él, comenzó cuando era un niño que crecía en un pueblo rural durante la era de Mao Zedong en China. Incluso entonces, Li sabía que había nacido para marcar la diferencia, pero en ese momento no estaba seguro de cómo hacerlo. Aunque tenía una gran pasión por la educación, decidió abandonar la escuela a los 14 años y, en lugar de ello, desarrollar su aprendizaje en el mundo.

成功的道路并不平坦，但企业家要获得成功没有其他道路，只有持续地奋斗。他的奋斗在他还是个大男孩的时候就已经开始，他成长于毛泽东时代的中国农村，他相信他注定会做出一番与众不同的大事业，尽管当时他并不明确知道这要如何实现。他渴望接受教育，但他还是在 14 岁时选择离开学校，在社会这所大学里继续学习成长。

他的第一份工作，是在国有企业从事石油开采，李金元先生的创业之火即将点燃。他回忆道："我花了几年时间，随工程队在中国各地开采石油。""但后来我被调到了行政后勤工作。我的工作是帮助改善工友的生活，我开始在中国各地采购商品。"

故事从一卡车油的贸易交换开始，通常他会把油运到沿海地区，交易新鲜捕获的鱼。有时候就运回鱼，或者有时候将鱼交易成面粉，面粉交易啤酒，啤酒交易自行车等。每次他带回的货物价值都比运出去的油价值高。这个年轻的采购谈判专家越来越得心应手。而事实证明，李金元先生非常擅长这项工作。

几年之后，他开始了自己的生意，在自由市场上开展贸易，积累了人生的第一桶金，并用这些资金在他的家乡河北省沧州周边兴建了几家工厂——面粉厂、塑料厂、蛋白粉厂，而这些只是他事业的刚刚起步。

Durante su primer trabajo -en una explotación petrolífera de una empresa estatal- el instinto empresarial de Li se hizo evidente de inmediato. "Pasé algunos años viajando por China con un equipo, perforando para buscar petróleo", recuerda. "Pero luego me ofrecieron un rol en recursos humanos. Mi trabajo consistía en ayudar a mejorar la vida del personal de la empresa, así que empecé a comercializar bienes entre varias regiones de China".

Comenzó con un camión cargado de petróleo, que normalmente llevaba a la costa y comercializaba a cambio de pescado fresco. El negocio podía terminar allí, o bien el pescado podía ser intercambiado por harina, y la harina por cerveza, y la cerveza por bicicletas, y así sucesivamente, siempre que regresara con más de lo que había partido. El joven negociador estaba haciendo su labor. Y a juzgar por los resultados, Li era muy bueno en este trabajo.

Varios años más tarde, Li lo convirtió en su propio negocio comerciando mercancías en el mercado abierto y embolsando una pequeña fortuna, la cual utilizó para construir varias fábricas cerca de su ciudad natal de Cangzhou, en la provincia de Hebei. Estos negocios producían harina, piezas de plástico y productos proteicos, pero él recién estaba comenzando.

Li descubrió una nueva oportunidad para crear un negocio que beneficiaría de manera directa la salud de sus clientes (la vida sin salud, dice Li, "es igual a la tierra sin sol"). Así nació el

后来，李金元先生意识到一个新的市场机遇，那就是创造一个直接利于广大消费者健康的产业（如李金元先生所说，生活失去健康，就等于地球没有太阳）。天狮集团应运而生，他的第一款产品是骨骼强化营养配方的高钙素（目前仍然是天狮最畅销的拳头产品）。

伴随他深爱的中国经济飞速发展，他的事业版图也迅猛扩张。然而，李金元先生从来没有忘记他对教育事业的热情，也从没忘记他要改变世界的初心，所以在他刚刚有能力付诸行动的时候，他就毅然在自己的家乡沧州，为当地的孩子们修建了两所全新的学校，改善当地教育条件。此后，他在中国和世界各地，资助援建了超过 100 所学校。

随着天狮集团的事业改善全球数千万家庭的健康水平并提升生活质量，李金元先生还将其业务版图延伸至教育事业。他创建了招收 6000 名学生规模的天狮学院，这是目前天津唯一的私立本科高等教育机构。2017 年，李金元先生的教育梦想将再次升级，他将兴建一所可容纳 30000 名学生的新的大学校园。

一路走来，李金元先生不断将财富与众多全心支持天狮事业的人们分享。截至目前，李金元先生及天狮集团在教育、医疗、灾害救助、公益组织、慈善机构、扶贫项目等方面资助的爱心款物超过 15 亿元人民币(超过 2.3 亿美元)，李金元先生也因热衷慈善事业而闻名。

Grupo Tiens, y su primer producto (que sigue siendo su best seller) fue una fórmula nutricional fortalecedora de los huesos, conocida como Super Calcium Powder.

A medida que crecían las fortunas de su amada China, lo mismo sucedía con sus negocios. Pero Li nunca olvidó su pasión original por la educación ni su impulso por hacer una diferencia en el mundo. Ni bien pudo, viajó de nuevo a su ciudad natal de Cangzhou y construyó una nueva escuela para los niños del lugar. Desde entonces, ha financiado la construcción de más de 100 escuelas en China y en otros lugares.

A medida que el Grupo Tiens comenzó a tener un efecto positivo en la salud de millones de personas en todo el mundo, Li también encaminó el negocio hacia el ámbito de la educación. Lanzó Tianshi College, una instalación para 6,000 estudiantes que es la única institución privada de educación superior de Tianjin. En 2017, el sueño educativo de Li dio otro salto con el desarrollo de un nuevo campus universitario capaz de formar a 30.000 estudiantes al año.

A lo largo del camino, Li compartió su fortuna entre aquéllos que apoyaron causas desde su corazón. Hoy, famosos por su filantropía, Li y el Grupo Tiens han entregado hasta ahora más de 1,5 millones de RMB (más de USD $230 millones) a escuelas y hospitales, fondos de socorro en casos de desastre y organizaciones benéficas,

“想象如何改善人们的生活，是我童年最美好的记忆。”李金元先生说，“如今我有能力付诸实施，这就是我梦想的实现。”

“每当我看到人们痛苦、饥饿的时候，我感同身受。当我还是孩子的时候，我就曾把我的饼干分发给穷苦的小伙伴，因为当我看到他们的苦难，我的心里就感到非常的沉重，因此每个月我都向穷困的人分发饼干。”

“我的美好记忆都是关于自我激励，坚信我可以改变世界让其更美好，而我不好的回忆都是来源于他人的痛苦。创办企业的经历，让我能在改善别人的生活上发挥更大的作用。”

李金元先生对人性的驱动力的独特见解，从幸福到遗憾，从参与到冷漠，从胜利到悲观，都为他非凡的成功提供了动力。在这本书中，李金元先生分享了他近半个世纪的商业和慈善成就所获得的智慧、知识和经验，希望您有所收获。

只要你相信，他说，你就会获得幸福，感恩和希望。别无他途。

personas y familias necesitadas.

"Mis mejores recuerdos de la niñez fueron los momentos en que pasé imaginando cómo podría mejorar la vida de las personas", dice. "Ahora puedo hacerlo, es mi sueño cumplido".

"Vi gente sufriendo y gente hambrienta. De niño, cuando tenía galletas las regalaba a la gente pobre, porque cuando veía gente sufriendo de esa manera eso se convertía en una carga psicológica para mí. Todos los meses intentaba distribuir algunas galletas entre la gente pobre".

"Así que, mis mejores recuerdos eran acerca de la automotivación, pensar que podía cambiar las cosas. Mis malos recuerdos venían de ver el sufrimiento de los demás. Y mi experiencia emprendedora ha hecho posible lograr una diferencia a mayor escala".

Las extraordinarias ideas de Li sobre los conductores de la naturaleza humana, desde la felicidad hasta el arrepentimiento, desde el compromiso hasta la apatía, y desde el triunfo hasta la tragedia, han impulsado su admirable éxito. Para que tú lo disfrutes, el director Li comparte en este libro esa sabiduría, conocimiento y experiencia adquiridos durante casi medio siglo de logros empresariales y filantrópicos.

"Si crees" dice él, "lograrás la felicidad, la gratitud y la esperanza. Todo lo demás no importa".

目录 ÍNDICE

健康 SALUD

幸福
FELICIDAD

财富
FORTUNA

Dinastía Ming
Wen Zhengming
Ciprés, Bambú y Roca

Wen Zhengming era un representante del género Wu de la dinastía Ming; tiene un estilo claro y elegante que identifica la larga historia de la tradición china.

《古柏竹石图》◎明◎文征明

文征明是明代吴派的代表画家，风格清雅秀丽。

第一部

健康

I

SALUD

力量

感恩令人强大有力。如果你的周遭没有爱，你也不能给予爱，你就是个失败者。有了爱和感恩这样的积极力量，才能有积极的态度，引领你走向完美与强大。

FORTALEZA

Tú eres fuerte y saludable cuando eres agradecido. Cuando no hay amor a tu alrededor y cuando no entregas amor a los demás, tú pierdes. Cuando tienes este verdadero elemento de amor y gratitud, ganas más y más fortaleza. Éstas son fuerzas positivas que conducen a la actitud positiva perfecta de fortaleza y salud.

睡眠

坦诚的心和良好的睡眠让我们能更好地面对困难，应对生活的挑战，享受生活中的美好时光。积极的态度和良好的睡眠是帮助你恢复的最好途径。当你醒来的时候，你会有更好的态度去面对世界，充满活力地前行。

SUEÑO

Un corazón abierto y un buen sueño nos permiten enfrentar dificultades, tener capacidad para hacer frente a los desafíos de la vida y disfrutar mejor de los buenos momentos que nos depara. Una actitud positiva y un buen sueño son la mejor manera de recuperarnos de un desafío de la vida. Cuando te despiertas, tienes una mejor actitud para enfrentar el mundo y para ser dinámico al avanzar.

老年

在中国，六十岁是生命中的一个重要节点，既是迈向老年，也是新生，因为你正在跳转到生命的下一个周期（新的甲子）。你的心态应当回到初始。在许多方面，你再次年轻，有很多机会。所以『老年』亦是一个全新的开始。

VEJEZ

En China, la edad de los 60 años es un paso importante en la vida. Eres mayor pero también eres joven, porque ahora estás saltando al siguiente ciclo de la vida. Así que, tu mentalidad vuelve al principio. De muchas maneras, eres joven otra vez con muchas oportunidades. Por lo tanto, la "vejez" es un nuevo comienzo.

安康

幸福对我们所有人都是必不可少的，健康的个体则是社会进步的必要条件。如果人们不健康，社会就不能前进。健康对于我一直是头等大事，不仅因为我从事医疗保健行业，更因为健康是个人和社会进步的重要基石。

BIENESTAR

El bienestar es esencial para todos nosotros, pero la persona saludable también es esencial para el progreso social. Si la gente no está bien, la sociedad no puede avanzar. La salud es siempre mi prioridad número uno, no sólo porque estoy en el negocio de la asistencia sanitaria, sino también porque la salud es la piedra angular esencial del progreso individual y social.

诚实

健康的人应该是一名诚实的人，不诚实是不健康的。我们都需要诚实地面对自己，真实地了解自己。然后，我们要对他人敞开心扉，不要对他人有任何的欺瞒。诚实会带来尊重和身心的健康幸福。如果别人不诚实，我们也许很难做到诚心以对，但要让你自己超乎于那些不诚实的人之上。

HONESTIDAD

Una persona saludable es una persona honesta. Ser deshonesto no es saludable. Todos necesitamos ser honestos primero con nosotros mismos para comprendernos. Luego, necesitamos ser abiertos con los demás y abrirnos a los otros, no esconder nada. La honestidad traerá respeto y una sensación de bienestar. Puede que a veces sea difícil ser honesto cuando los demás no lo son, pero siempre valórate por encima de aquéllos que no tienen el valor de la honestidad.

出生

出生是独立个体生命的开始。人们赤条条来，赤条条去，但在生死之间，人是有使命的。使命有时是由人自己定义，有时是由他人定义。有人生来即肩负使命，有人却生活得毫无目标，浑浑噩噩。健康的人会努力寻找使命、目标，获得对生命的理解。

NACIMIENTO

El nacimiento es el comienzo de la vida independiente. La gente nace sin nada y morirá sin nada. Pero en el medio, las personas tienen una misión, que a veces es definida por ellos mismos y a veces por los demás. Algunas personas nacen para desarrollar una misión. Otras nacen, pero nunca tienen ni desarrollan una misión ni un propósito. Sólo llenan el tiempo sin una razón entre su nacimiento y su muerte. Las personas saludables se esfuerzan por encontrar su misión, su propósito, su comprensión de la vida.

沧州铁狮◎现代

铁狮气势恢宏，目光炯炯，似乎在为他的群体守望，古朴高大的形象诠释了坚毅、威猛、正义的王者气度。

Moderno

León de Hierro de Cangzhou

El ojo del león de hierro está fijo sobre algo, como si estuviese cuidando su comunidad; la sencilla y alta imagen significa fortaleza, ferocidad y el comportamiento animal de un león.

狮子

狮子是百兽之王，是勇气和力量的象征。狮王是领导者、提供者、保护者，它的威严令人敬畏。

LEÓN

El león es el rey de los animales, es el símbolo del coraje y la fortaleza. El león es el líder, el proveedor, el protector y el que promueve el orgullo de la comunidad.

《老子像》◎明◎文征明

文征明是明代大家，诗文书画无一不精。他的老子像，细腻严谨，气度沉静。

Dinastía Ming, Wen Zhengming, **Lao Tsu**
149 × 24cm

Wen Zhengming era famoso por sus poemas, ensayos, collagraph y pinturas. Esta obra de pintura y caligrafía muestra gran escrupulosidad y tranquilidad en su interior.

智慧

有智慧的人生是勇敢的人生。智慧带来适应力、人际关系技巧和对周围环境和周围人的理解。但只有智慧本身是不够的，将智慧与勇气，人际关系技巧和战略眼光结合在一起，才是非凡而强大的。

SABIDURÍA

La vida con sabiduría es una vida audaz. La sabiduría trae resiliencia, habilidades interpersonales y una comprensión de tu entorno y de las personas que te rodean. Pero la sabiduría por sí sola no es suficiente. La audacia, las habilidades interpersonales y la visión estratégica, si se combinan con la sabiduría, son muy poderosas.

死亡

死亡是生命中不可回避的一部分，不可怕也不值得担心。但我们应该思考我们死后会留下什么。有些人为后代留下了丰富遗产，有些人除了孩子，没有留下任何遗产。我们都应该尽力为我们的后辈留下宝贵的遗产。

MUERTE

La muerte es una parte natural de la vida, no hay que temerle ni hay que preocuparse. Pero debemos pensar en lo que dejaremos cuando nos muramos. Algunas personas mueren dejando un legado importante para las siguientes generaciones. Otras simplemente mueren sin dejar ningún legado, más allá de quizás el nacimiento de los hijos. Todos deberíamos tratar de dejar un legado de bien para aquéllos que nos suceden.

抑郁

压力感、个人压力、社会压力、工作压力、无助感、无法应付压力都会导致短期或长期的抑郁。重要的是不管是孩子还是成年人，都要学会面对压力，进而避免沮丧的情绪。

DEPRESIÓN

Una sensación de presión, presión personal, presión social, presión laboral; una sensación de estar indefensos, de no poder hacer frente a la presión. Todo eso nos puede conducir a una depresión durante un tiempo corto o largo. Lo importante es que aprendamos como niños y como adultos de qué manera manejar las presiones que enfrentamos, y entonces podremos evitar buena parte de los sentimientos de depresión.

威胁

生命中最大的威胁不是疾病，而是不能保持身体健康。健康是人类最大的财富。如果失去健康，相当于地球没有太阳。我致力于人类的健康事业，我们用勤劳的双手托起生命的太阳。

AMENAZA

La mayor amenaza para nuestra vida no es la enfermedad, sino no mantenernos en buena salud. La salud es la mayor riqueza de la humanidad. Si no estamos sanos, entonces, es similar a la tierra sin sol. Estoy comprometido con la causa de la salud humana y todos deberíamos usar nuestras manos laboriosas para sostener el sol de la vida.

世界

在这个时代，我们每个人都应该具备世界眼光。用世界眼光来看待自己，理解我们在世界上的位置和贡献，同时保持好奇心，对于不同事物乐于去学习和理解，并尽力帮助我们的社区、我们的国家和我们的世界，这是精神健康的一部分。

MUNDO

En estos tiempos, todos debemos tener una visión del mundo y tratar de entender nuestro lugar y nuestra contribución hacia él. Parte de estar mentalmente saludables es interesarse por cosas diferentes, continuar aprendiendo y comprendiendo, y hacer lo que podamos -ya sea pequeño o grande- para ayudar a nuestra comunidad, a nuestro país y a nuestro mundo.

我们应该为自己的成就感到骄傲，但不要太骄傲，因为过于骄傲会使我们变得心胸狭隘，这对心灵的健康无益。值得我们为之骄傲的是我们能够以我们的方式帮助他人，同时，我们也应该为得到他人的帮助而骄傲和感激，这才是衡量健康生活方式的真正标准。我最大的骄傲是，我能感受到爱，创造爱和传播爱。

ORGULLO

Debemos estar orgullosos de nuestros logros, pero no demasiado, porque estar demasiado orgullosos nos volverá limitados e insalubres en nuestra mente y corazón. Debemos estar orgullosos de las formas en que podemos ayudar a los demás, ya que hacer algo por los demás es mucho mejor que hacer las cosas para uno mismo. Y debemos estar orgullosos y agradecidos cuando otros nos ayudan, porque ésa es la verdadera medida de una relación saludable. Mi mayor orgullo sucede cuando siento el amor, creo el amor y difundo el amor.

食物

食物是健康生活的基本燃料。正确的食物带来正确的生活态度，给生命以活力。错误的食物会导致消极的思想和感受，导致思想和身体上的疾病。我们必须明白食物的重要性，并努力选择有助于让我们不断进步、成长的食物。

ALIMENTACIÓN

La comida es el combustible esencial de una vida saludable. El alimento adecuado crea la actitud correcta para la vida y da la energía para la vida. Un alimento equivocado puede conducir a pensamientos y sentimientos negativos, y a la enfermedad en la mente y el cuerpo. Todos debemos entender la importancia de la alimentación y esforzarnos por elegir la comida que nos hace mejores personas.

环境

无论居住或工作，你都需要一个良好和健康的环境。健康的环境能帮助你保持身体的健康，帮助你建立和维护良好的人际关系，更有效率地工作，更好地享受生活。我们都是环境的一部分，我们必须承担自己的责任，改善环境，使其可持续发展，而不能破坏环境，那是将来会后悔的事情。环境也是我们留给子孙后代的遗产。我们必须努力保护好这份遗产并移交给他们。

MEDIO AMBIENTE

Dondequiera que vivas o trabajes, necesitas un ambiente agradable y saludable. Necesitas un ambiente que te ayude a permanecer con buena salud que te ayude a hablar y a encontrarte con otras personas, que te ayude a hacer cosas que puedas disfrutar y que sean productivas. Todos somos parte del ambiente y todos tenemos que asumir cierta responsabilidad para hacerlo todo lo bueno que podamos y ser una influencia positiva. También tenemos que mirar hacia el futuro y hacer que el medio ambiente sea sostenible, para asegurarnos de que no estamos haciendo cosas ahora que lamentaremos en el futuro. El medio ambiente es un legado que pasamos a las generaciones futuras. Debemos trabajar para hacer que ese legado sea bueno para ellos.

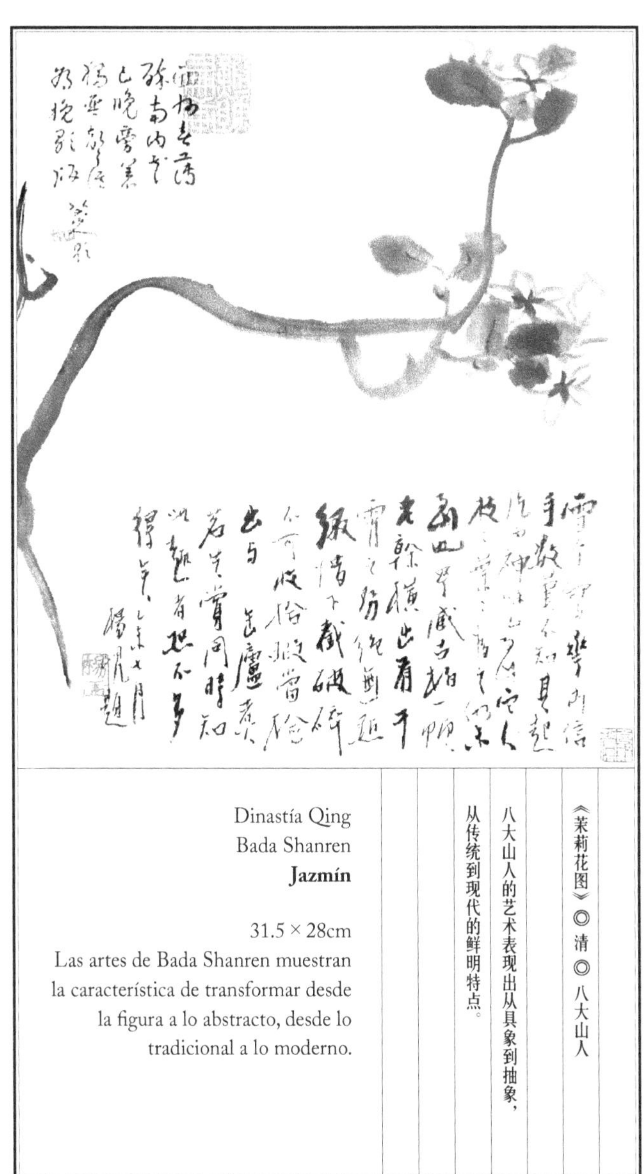

《茉莉花图》◎ 清 ◎ 八大山人

八大山人的艺术表现出从具象到抽象，从传统到现代的鲜明特点。

Dinastía Qing
Bada Shanren
Jazmín

31.5 × 28cm
Las artes de Bada Shanren muestran la característica de transformar desde la figura a lo abstracto, desde lo tradicional a lo moderno.

信念

信念是一种强大而健康的力量。信念是你对目标的承诺，是你做事的动力和信心的源泉。你需要检查你的信念是否有良好基础，错误的理念会把人引入歧路。信仰会带来信心，帮你、也帮助你生活中的其他人获得成就。

CREENCIA

La creencia es una fuerza poderosa y saludable. Es tu compromiso con una meta. La creencia es la fuente de motivación y de confianza en lo que estás haciendo. Necesitas comprobar que tu creencia tiene una buena base y que no es algo que te llevará a hacer cosas malas. La creencia alimenta la confianza que necesitas para lograr cosas buenas en tu propia vida y en las vidas de los demás.

坚韧

这是我们忍耐和坚持的能力。有些人很有韧性，但有些人不是。在生活中保持一个明确的目标，你就会有韧性，你会充满希望地努力实现目标，不会被不相关的事情所打扰。

RESILIENCIA

Esta es nuestra capacidad de perdurar y persistir. Algunas personas son muy resilientes, pero otras no. Las personas pueden volverse resilientes al tener una meta clara en la vida, manteniendo la esperanza y el esfuerzo en esa meta, y no distrayéndose con las cosas que interfieren con esa meta.

责任

有责任感是一种健康的状态。人应该有梦想，懂得感恩。而梦想和感恩创造了责任感，让我们走向成功和懂得回报社会。在我年轻的时候，当我看到穷人我会感同身受非常难过，我尽力去帮助他们。当我长大了，我意识到我的事业可以帮助实现我童年的梦想。

RESPONSABILIDAD

Es saludable ser responsables y sensatos. Tengo un sueño en la vida y sé cómo ser agradecido. En combinación, un sueño y la gratitud crean un sentido de responsabilidad para lograr y para devolver. Cuando era joven, mi corazón se sentía muy triste cuando veía gente pobre, e intenté hacer cosas para ayudarles. Cuando crecí, me di cuenta de que mi negocio podía lograr el sueño de mi infancia. A medida que mi negocio se hizo más y más grande, entendí que podía dar

随着我的生意越来越大，我开始捐款来帮助人们。但后来我意识到，捐钱并不是唯一的帮助方式。更重要的是要倡导更多的人参与对社会的共同承诺，承担帮助他人的责任。这就是我不断追求的。我认为，财富越多，帮助别人的责任就越大。

donaciones para ayudar a las personas y a las comunidades. Pero luego me di cuenta de que dar dinero no es la única manera de ayudar. En lugar de eso, es importante convencer a más personas para que se involucren en un compromiso común con la sociedad para asumir la responsabilidad de ayudar a los demás. Eso es lo que sigo persiguiendo. Creo que cuanto mayor es la riqueza, mayor es la responsabilidad de ayudar a los demás de muchas maneras diferentes.

恐惧

恐惧主要是对自己缺乏信心，或对自己处理不同情况的能力缺乏信心。如何克服恐惧？你要全神贯注于你的梦想，始终清楚地知道你的目标是什么，并努力获得他人的支持。当你有一个真正的梦想，并且努力为之奋斗，而且你懂得感恩，那么，你也就有了自信。梦想、感恩、责任和使命感会让你远离恐惧，使你成为一个身心健康、胸襟开阔、意志坚强的人。

MIEDO

El miedo es principalmente una falta de confianza en ti mismo o en tu capacidad para hacer frente a diferentes situaciones. Tú superas el miedo manteniendo el foco en tu sueño, obteniendo ayuda de los demás siendo muy claro sobre tu sueño y tu meta. Cuando realmente tienes un verdadero objetivo con el que estás comprometido y sabes cómo ser agradecido, entonces, sabes cómo estar seguro. El sueño, la gratitud, la responsabilidad y el sentido de la misión alejan el temor. Estas cosas te hacen una persona saludable con un corazón fuerte y abierto.

衰老

衰老是一个自然循环的过程。你不可能对抗这个循环。但无论你身处这个循环中的哪个位置，你都可以找到你的健康和福祉。坚实的经济基础，良师益友，目标感，会在你年老的时候给你一个安身立命之地，也会让你有条件去帮助处于这个循环中不同位置的他人。

ENVEJECIMIENTO

El envejecimiento es un ciclo natural. No puedes luchar contra este ciclo. Pero puedes encontrar tu lugar de salud y bienestar donde quiera que estés en este ciclo. Suficiente dinero, buenos amigos y un sentido de propósito te pondrán en un buen lugar en el ciclo, a medida que envejeces. También te permitirá ayudar a otras personas en diferentes lugares del ciclo.

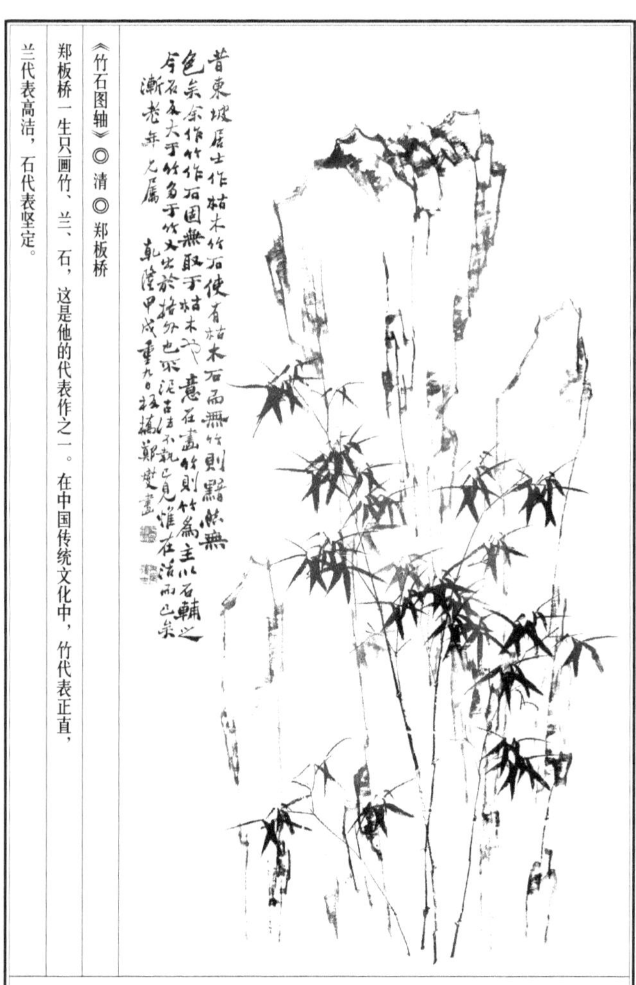

《竹石图轴》◎清◎郑板桥

郑板桥一生只画竹、兰、石，这是他的代表作之一。在中国传统文化中，竹代表正直，兰代表高洁，石代表坚定。

Dinastía Qing, Zheng Banqiao, **Bambú y Roca**
217.4 × 120.6cm

Zheng Banqiao pintó sólo bambúes orquídeas y rocas en toda su vida. En la cultura china, el bambú representa la integridad, la orquídea representa la elegancia y la roca representa la perseverancia.

二百年后

我希望两百年后，人们依然记得我的名字，他们会说，这个人帮助很多人提高了生活水平，改善了健康状况，并且帮助他们实现了人生目标。

EN 200 AÑOS

Espero que, en 200 años, cuando recuerden mi nombre, la gente diga que he ayudado a mejorar los niveles de vida, a mejorar la salud, y que he ayudado a muchos a lo largo de las generaciones para alcanzar sus metas en la vida.

给孩子的箴言

人要有目标、有梦想。我鼓励孩子们做梦，给自己设定目标。更重要的是，要制定计划来实现目标。要让梦想成真，还要不断地对计划进行调整、改进、革新。要做自我评估和自我批评。要学习知识，并能够运用。我会告诉孩子，只要你制定计划，不断学习，不断努力去实现，一切都是可能的。最后，还要有一颗开放、感恩的心，和好朋友们。

CONSEJOS A LOS NIÑOS

Yo incentivo a un niño a tener un objetivo y un sueño en la vida. Sin embargo, le recomiendo encarecidamente que también desarrolle un plan de cómo lograr ese objetivo. Para lograr un sueño necesitas un plan que seguirás ajustando, mejorando e innovando todo el tiempo. Tienes que hacer autoevaluación y tener autocrítica todo el tiempo. Tienes que adquirir más conocimiento, aprender más y aplicar ese nuevo conocimiento. Le diría al niño que cualquier cosa es posible con una meta, un plan, conocimiento y esfuerzo. Abraza esas cosas con un corazón abierto, con gratitud y con amigos queridos.

教育

我年轻的时候曾盼着我们的村子有所好学校。那时我就意识到，教育能带来改变，改变我们村子以及村民的未来。教育是通向美好未来的唯一途径，教育是国家繁荣发展的基石，也是个人成功和幸福的基础。服务国家、回报社会的最佳途径就是促进教育事业的发展。

EDUCACIÓN

Cuando era joven, quería que hubiera una buena escuela en mi pueblo. Ya desde entonces sabía que la educación significaba el cambio. Significaba un futuro para la gente de mi pueblo. La educación es la única manera de encontrar un futuro mejor. La mejor manera de servir a un país y retribuir a la sociedad es promover el desarrollo de la educación. La educación es la base de la prosperidad y el desarrollo nacional, así como de la prosperidad individual y la felicidad. La educación y el conocimiento son la verdadera salud y riqueza de la gente y de los países.

第二部

幸福

II

FELICIDAD

文化

文化有很多种含义。它可以是你的个人修养和教育，它可能是一种文明和一个社会的行为方式，以及一个国家的价值观。这两种理解都至关重要，而且会随着时间的推移和社会的进步而改变。我们都应努力去发现和发展那些有益于我们和社会的文化、价值观以及行为方式。

CULTURA

El término cultura tiene muchos significados. Puede ser tu cultivación personal y tu educación, que te lleve a una mejor comprensión de tu lugar en el mundo. Podría ser la forma en que una civilización y una sociedad se comportan, y las cosas que se valoran en un país. Ambos significados de la cultura son importantes, y ambos cambian con el tiempo y en las diferentes sociedades. Todos debemos tratar de encontrar y desarrollar la cultura, los valores y los comportamientos que son buenos para nosotros y para la sociedad en la que vivimos.

家

家是幸福所在，其中很重要的一部分是家庭成员对彼此的尊重，尤其是对长辈。中国文化博大精深，但最基本的就是孝敬父母。懂得尊重和感恩才能为家庭贡献力量。不懂感恩，便无法谈及回报家庭乃至奉献社会。如果父母孝敬自己的长辈，言传身教之下，孩子们也会耳濡目染。这便是通过尊重和感恩来营造幸福家庭的方法。

HOGAR

La felicidad se puede encontrar en el hogar, y una parte importante de eso es el respeto que los miembros de la familia se muestran el uno al otro, especialmente a los ancianos. En la cultura china, el respeto por los padres es esencial. Para poder contribuir en el hogar, necesitas ser respetuoso y agradecido. Si no sabes cómo ser agradecido, no puedes contribuir a tu familia ni a la sociedad. Cuando los niños ven a los padres ser respetuosos con sus propios padres, entonces, esos niños aprenderán. Ésta es la manera de crear un hogar feliz a través del respeto y la gratitud hacia todos.

爱

就像父母对孩子无私的爱，我们爱自己的父母和家人也都应不求回报。抚养和教育孩子时理应如此。在中国，『爱』有很多深刻的含义，包括对家庭的爱，对社会和国家的爱。没有『大家』哪有『小家』。感恩是创造爱的一个重要组成部分，生活因感恩而美好。

AMOR

Ama a tus padres y ama a tu familia sin pedir nada a cambio, porque el amor que los padres tienen por sus hijos no implica pedir nada a cambio. Así es como educas a tus hijos y cómo les ayudas a aprender. El amor en China tiene muchos significados muy profundos. Amas a tu familia, amas a la sociedad en su conjunto, y amas a tu país. Sin una "gran familia", nunca puedes tener una "pequeña familia". Ser agradecido es una parte muy importante del amor. Si todos somos agradecidos el uno al otro, la vida resulta perfecta.

孩子

孩子是祖国的未来和幸福的源泉。在毛泽东主席领导下，中国走上现代化发展道路，激发了人民的自豪感；随着邓小平同志改革开放政策的提出，人们开始积极创业，塑造未来。这一改革进程持续了很长时间。孩子是祖国的未来和希望，所以教育至关重要。接受良好教育的人决定国家的未来，未接受教育的孩子，将会成为国家的负担。孩子是民族未来的希望，关键在于教育。

NIÑOS

Los niños son el futuro y la felicidad de China. Cuando el presidente Mao Zedong creó el proceso de desarrollo de la China moderna, la gente comenzó a ganar orgullo. Con la reforma económica de Deng Xiaoping, la gente comenzó a estar motivada para crear negocios, lo que ayudó a darle forma a nuestro futuro. Estos procesos tomaron mucho tiempo. Generación tras generación contribuyeron. Los niños siempre fueron y siempre serán el futuro de China, nuestra nueva página. Es por eso que la educación es tan importante para los niños. Las personas educadas son el futuro de este país. Los niños que no son educados se convertirán en una carga para él. Los niños son la esperanza del futuro y el deseo del niño es la educación.

《荷花翠鸟图》◎清◎八大山人

作为明朝皇室宗亲，生活在满清统治之下的八大山人以遁世和孤傲的姿态表达自我。他的画便是他的心志的写真。

Dinastía Qing, Bada Shanren, **Loto y Pájaro**
121 × 66cm

Como miembro real de la dinastía Ming, Ba Da Shan Ren eligió escapar de la dinastía Qing a los templos remotos y mantener un camino distante y orgulloso en su vida. Sus pinturas muestran exactamente sus puntos de vista del mundo.

快乐

快乐与欲望息息相关。简约的生活欲望很容易让人知足常乐，追求的过多，便很难得到快乐，因为总有一些事情是遥不可及的。对于我来说，快乐很简单。因为我总是尽力去帮助别人，这是我真正快乐的源泉。

FELICIDAD

La felicidad está ligada al deseo. Si no deseas muchas cosas, entonces puedes ser feliz muy fácilmente. Si deseas muchas cosas, entonces, puede que para ti sea más difícil ser feliz en la vida; porque siempre hay algo más allá de tu alcance. Para mí es muy sencillo. Siempre trato de ayudar a los demás, porque es aquí donde encuentro mi verdadera felicidad.

和谐

我们都向往和追求和谐，这样才能舒适而温馨地生活、工作，获得共同进步。和谐是建立在互相信任的基础上，并能带给我们成功与幸福。团结协作，和谐共处。合作的力量是无法抗拒的，它存在于人类生活、爱情和工作的方方面面。

ARMONÍA

Todos buscamos la armonía, la comodidad y la calidez de vivir, trabajar y avanzar juntos. Cuando las personas confían unas en otras, encuentran armonía. Esa armonía traerá éxito y felicidad. El trabajo en equipo y la armonía crean el estar juntos, y estar juntos crea el trabajo en equipo y la armonía. Estar juntos puede ser una fuerza imparable en la vida, en el amor, en el trabajo y en todas las cosas que nos importan como seres humanos.

沟通

成功的沟通是真心换真心，真情换真情，真爱换真爱。良好的沟通可以弥合人与社会之间的很多认识鸿沟。通过沟通和语言技巧来展示一个人的思维方式以及诚信和态度。我们都应善于倾听，理性思考，并开诚布公地尽情表达自己。

COMUNICACIÓN

La comunicación exitosa es corazón a corazón, verdad por verdad y amor por amor. La buena comunicación puede salvar las diversas brechas entre las personas y las sociedades. La comunicación y las habilidades del lenguaje muestran cómo una persona piensa, además de su honestidad y su actitud. Todos debemos tratar de ser buenos en escuchar, en el pensamiento racional y en expresarnos de una manera abierta.

同情心

施展同情心要根据情况而定。毫无能力、时运不济的弱势群体值得同情，有些人的无心之过可以怜悯。感同身受，怀有同情心有时是好事，但同情心不能泛滥，如果是因为自作自受而身处困境，那便不值得同情。

COMPASIÓN

Dependiendo de la situación, la compasión debe ser demostrada o tal vez no. Tú puedes mostrar compasión por las personas que son más débiles y que no han tenido oportunidades, y te puedes poner en sus lugares. O por las personas que han cometido un error involuntario y tú sientes su dolor. A veces es bueno tener compasión. Sin embargo, a veces no debe haber compasión, incluso cuando la otra persona está en una situación mala, especialmente si esas personas han creado ellas mismas esa situación.

感恩

感恩是人类的基本原则。感恩是做好事的动力源泉，也是快乐的本质。人们必须要学会感恩。感恩也意味着回报父母和奉献社会。滴水之恩当涌泉相报，这才是我们要表达的感恩和要寻找到的真正快乐。

GRATITUD

Ser agradecido es un principio humano básico. Puede ser una motivación, puede ser una fuerza para hacer el bien en el mundo, y puede ser la esencia de la felicidad. Los seres humanos deben aprender a ser agradecidos. Ser agradecido también significa dar algo a cambio: retribuir a los padres o a la sociedad. Si te han dado una pequeña cantidad de agua, entonces, debes devolver un río. Eso es mostrar gratitud y encontrar la verdadera felicidad.

家庭

家庭，包括你的原生家庭和你与别人一起创建的家庭，子孙后代创建的家庭，都是命运的一部分，创造幸福的一部分。家庭是我们的传承和珍宝，它决定了你在人类历史中的地位。

FAMILIA

La familia es parte del destino, parte de la felicidad, incluyendo la familia de la que provienes, la familia que creas con otros y las familias que luego ellos crean. Las familias son nuestra herencia y nuestro legado. Las familias te sitúan en la historia de la vida humana.

改变

根据你在各个阶段的生活和需要承担的责任，人们应该时刻改变，学习新知识，挑战新事物。生活就是要不断成长、挑战、探索和创造，在探索和成就中感受幸福。

CAMBIO

Dependiendo de la etapa de tu vida y de tus responsabilidades, las personas deben cambiar, aprender algo nuevo, hacer algo que no han hecho antes, todo el tiempo. La vida misma consiste en crecer, cambiar, explorar y alcanzar metas. La felicidad está en estas actividades humanas esenciales.

独处

对这个词语，不同的人会有不同的理解。但每当我独自一人时，我感到安宁、舒适和平静。我希望别人也如此。

SOLO

Ésta es una gran palabra que tiene muchos significados. Pero cuando estoy solo, me siento en paz. Me siento cómodo y tranquilo. Espero que otros también lo sientan.

《独立睥睨图》◎清◎八大山人

八大山人笔下的动物，都有一双桀骜不驯的眼睛。

Dinastía Qing

Bada Shanren

De Pie Solo Mirando Con Recelo

110 × 74.5cm

Todos los animales en las pinturas de Bada Shanren tienen ojos orgullosos y encandilados.

希望

希望是一种梦想，是生活中寻找幸福的动力。当你陷入逆境，唯一陪伴你的，就是希望。希望、专注和努力能帮你渡过难关，但希望是其中最重要的因素。相信希望，相信自己，努力工作。

ESPERANZA

La esperanza es un sueño, una motivación en la vida para encontrar la felicidad. A veces, en tiempos difíciles, lo único que tienes en la vida es esperanza. La esperanza, el enfoque y el esfuerzo pueden ayudarte a atravesar esos momentos; pero la esperanza es el factor más importante. Cree en la esperanza, cree en ti mismo y trabaja con esfuerzo.

助人

做对别人有帮助的人，愿意考虑公众利益并为之行动，同时心存感恩，时刻对别人保有爱心。如果你不相信这是一个充满爱的世界，你的生活也会在沮丧中度过。只要你的心没有停止跳动，一切皆可重来。

AYUDAR

Ser servicial es pensar en el bien público y ser agradecido. Se trata siempre de sentir amor por los demás. Si no crees que este mundo es un mundo de amor, tu vida se invierte principalmente en la depresión. Mientras el corazón no esté vencido, todo puede comenzar de nuevo.

欲望

欲望有合理和不合理之分。如果合理，那么尽力去追求。有些欲望是不合理的。人们不应该追求不合理的欲望，因为这样会损人不利己。认清自己想要什么很重要，但更重要的是，分清哪些是合理的，哪些不合理。

DESEO

Hay deseos razonables y deseos irracionales. Estos últimos no deben ser perseguidos, ya que, con el tiempo, hacerlo te dañará a ti mismo y a los demás. Es importante entender cuáles son tus deseos, pero más importante es saber cuáles son los deseos razonables en tu vida y cuáles son los irracionales.

遗憾

遗憾有很多种理解。你应该能想到很多你一生中应该做却没有做的事情。对于其中一些事情，你可能还有时间去做。然而有些事情，光阴一去不复返，你需要接受不能做的现实。生活中难免会有遗憾，或小或大，要把注意力集中在你做完的事情和已取得的成就上，而不是你还没有做的事情上。将遗憾减少到最低。

ARREPENTIMIENTO

El arrepentimiento puede tener muchos significados. Puedes pensar en muchas cosas que podrías haber hecho o deberías haber hecho en tu vida. Para algunas, es posible que todavía haya tiempo. Para otras, el tiempo ha pasado y necesitas aceptarlo. Tu vida tendrá algunos arrepentimientos, a veces pequeños y a veces no, pero enfócate en las cosas que has hecho, en las cosas que has logrado, no en las cosas que no tienes. El arrepentimiento no es una fruta que deberíamos cosechar con demasiada frecuencia.

仪式

仪式文化非常重要。它赋予人们认知，传达思想，展示成就，它是从人生的一个位置到另一个位置的通道。仪式为所有参加者带来荣誉和快乐。

CEREMONIA

La cultura de la ceremonia es muy importante. Brinda reconocimiento, transmite significado, muestra logros, es el pasaje de un lugar a otro en tu vida. La ceremonia honra y trae felicidad a todos los que participan.

谅解

谅解别人也就是善待自己。如果你与他人的关系存在冲突，那么你需要试着去谅解他们。尽自己最大的努力去谅解别人，同时永远记得谅解自己，并从错误中汲取教训。

PERDÓN

Tú necesitas perdonar a los demás y también tratarte bien. Si te encuentras en una relación con otras personas y existe algún conflicto, entonces, necesitas tratar de perdonarlos. Haz lo mejor que puedas para perdonar, y recuerda siempre perdonarte a ti mismo y aprender de tus errores.

平凡

人们有不同的标准，不同的需求，以及不同的行为方式。有些人甘于平凡，然而有些人却在生活中追求不同的标准，接触不同的人，建立不同的价值观。人们有时会选择成为前者或成为后者，但两者都是好的，都需要努力才能实现。重要的是，要知道自己想成为什么样的人以及想过怎样的生活。

COMÚN

Las personas tienen diferentes estándares, diferentes necesidades y diferentes maneras. Alguien puede querer ser común y eso está bien. Alguien puede no querer ser común, tener estándares diferentes, personas diferentes en su vida, y valores diferentes en su vida. La gente a veces puede elegir ser uno u otro, pero cualquiera está bien y ambos llevan esfuerzo. Sin embargo, es importante que las personas sepan lo que quieren ser y cómo quieren vivir.

妥协

狭路相逢时，每个人都必须适当让一步，能够让别人方便通过。

慈善

我一心行善。我希望其他人也尽可能去做力所能及的善事。发自内心地给予别人或点滴或重大的帮助，这是你找到幸福的重要途径。

ACUERDO

Todos estamos en un camino estrecho, por lo que cada individuo debe sentirse cómodo de dar un paso al costado y permitir que otros pasen.

CARIDAD

Yo doy desde el corazón. Espero que otros hagan lo mismo en la medida en que sean capaces. Dar un poco o mucho desde el corazón es una manera importante de encontrar la felicidad para ti mismo.

目标

很多人没有目标，或者经常改变目标。这些人往往是漫无目的，或总是对自己的生活不满足。人们需要找到或选择一个适合自己的目标。一个能带给自己决心、动力和幸福感的目标。设定的目标应该是现实的、可实现的和长期的。

OBJETIVO

Muchas personas no tienen objetivos o tienen muchos objetivos cambiantes. Estas personas a menudo andarán sin rumbo o se sentirán insatisfechas. La gente necesita encontrar o elegir un objetivo que sea adecuado para ellos. Encuentra un objetivo que te aporte un propósito, motivación y felicidad. Tu objetivo debe ser realista, alcanzable y a largo plazo. Debes conocer

你应该有目标，但最重要的是朝着这个目标努力，而不能纸上谈兵。为了达到目标和梦想，你必须了解自己，了解自己在每一步中哪些做错了、哪些是对的，在此基础上再进行下一步。这样就可以不断学习和进步，实现自己的梦想和目标。

tu objetivo, pero lo más importante es el esfuerzo de trabajar hacia ese objetivo. Sólo desearlo y quererlo no te permitirá lograrlo. Para lograr el objetivo y el sueño, debes conocerte a ti mismo, entender qué hiciste mal y qué hiciste bien en varios pasos y, sobre esa base, pasar al siguiente. De esa manera, aprendes constantemente y siempre te acercas más para alcanzar tu sueño y tu objetivo.

《蜀素帖》（局部）◎宋◎米芾

米芾是中国书法史上的大家，这幅《蜀素帖》为传世之作。其中提到的『龟鹤』两种动物，在中国文化中是健康长寿的象征。

Dinastía Song
Mi Fu
Shu Su Tie

270.8 × 27.8cm (parcial)
Mi Fu es un gran maestro en la historia de la caligrafía china. Ésta es una de sus obras más famosas. Menciona la tortuga y la grulla; en la cultura china, representan la salud y la longevidad.

晚年幸福

我希望当我九十九岁再回头看时，感受到的是幸福和感恩，并已经在大多数事情上取得成功。我希望那时我已经实现了自我价值，并为社会创造了价值和利益。

LA FELICIDAD EN LA VEJEZ

Cuando tenga 99 años, espero que cuando mire hacia atrás sienta felicidad, gratitud y que haya tenido éxito en la mayoría de las cosas. Espero que piense que he alcanzado el valor, y que haya traído valor y beneficios a la sociedad.

牺牲

父母老了需要孩子的照顾，而孩子小时候需要父母的照顾。这些事情简单而重要，对大多数人来说很容易，但我却没有尽到这些责任。我母亲去世时，我正在出差，为了履行我对海外员工的承诺。因为工作伙伴，我有时不得不牺牲自己的家庭生活。但如果你生命中有更大的清晰的目标，这些付出和牺牲是值得的。

SACRIFICIO

Los padres necesitan la atención de sus hijos durante su vejez y los hijos necesitan la atención de sus padres cuando son jóvenes. Esas simples e importantes verdades y responsabilidades son fáciles para la mayoría de la gente, pero para mí, algunas de esas responsabilidades tuvieron que ser sacrificadas. Cuando mi madre falleció, yo estaba en un viaje de negocios, cumpliendo una promesa que le había hecho al personal en el extranjero. Por la familia del trabajo, a veces he tenido que sacrificar mi propia vida familiar. Pero un sacrificio merece la pena, y la felicidad se encuentra cuando está claro el propósito mayor.

年轻人

年轻人能够而且必须比老年人更努力地工作。他们有精力，有热情，如果他们努力工作，就有能力过上更好的生活。他们是国家和世界未来的领导者。我们对年轻人寄予厚望，期待他们的改变和进步。我希望年轻人能树立目标，愿意为人民，为社会，为国家，为这个世界做些事情。如果他们能记住这些，那么每天要做的工作就变得清晰和简单了。

LOS JÓVENES

Los jóvenes pueden y deben trabajar aún más que los viejos. Tienen la energía, el entusiasmo y la capacidad de vivir vidas excelentes si trabajan con esfuerzo. Ellos son los futuros líderes del país y del mundo. Los jóvenes son nuestra inversión en todo lo que queremos, incluyendo el cambio y el progreso. Espero que los jóvenes tengan un objetivo, un deseo de mejorar las cosas para las personas, para la sociedad, para el país y para el mundo. Si todos tienen esto en mente, entonces las cosas que cada día deben hacer se vuelven más claras y más fáciles.

悔恨

不要让自己沉浸在悔恨中无法自拔。正视它，并从中汲取教训，然后继续前进。当我做出了错误的决定，或者我和别人说话时用的词太苛刻，反思时我会对自己的言行感到后悔。这也是我们自我完善的途径，但不要让悔恨持续下去。

ODIO

Nunca dejes que dure demasiado el odio hacia ti mismo. Siéntelo, aprende de él y sigue adelante. A veces, cuando tomo una mala decisión o cuando hablo con otras personas y las palabras que uso son demasiado duras, al reflexionar sobre ello siento que me odio a mí mismo. Pero así es también como mejoramos, así que, no dejes que el odio dure.

自私

失败始于自私、嫉妒和傲慢，而成功则总是源自于全心全意、集思广益和奉献社会。那些心胸狭隘、只关心自己的人，是无法实现梦想的。

EGOÍSMO

El fracaso comienza con el egoísmo, la envidia y la arrogancia, pero el éxito siempre proviene del entusiasmo, la integridad y el compromiso social. Aquéllos que se concentran en la visión estrecha, en sí mismos, son menos capaces de alcanzar sus sueños.

海洋

对许多人来说，海洋代表着宽阔无垠，无法跨越。但是总有伟大的人物能找到远渡重洋的方法。海洋不会大过梦想，梦想会带来幸福。

OCÉANO

Para muchos, el océano representa lo imposible, una vasta inmensidad demasiado extensa para cruzar. Pero las grandes personas siempre encontraron formas de cruzar los océanos. El océano nunca es más grande que el sueño, y el sueño trae felicidad.

慷慨

慷慨大方，就是敞开心扉，为社会做出贡献。慷慨付出的回报，就是生活在一个更美好的世界中。你越大方，你就越富有。你越吝啬，你就越活在自私的贫困之中。

GENEROSO

Ser generoso es tener un corazón abierto a las personas y contribuir a la sociedad. Ser generoso es ser recompensado por cumplir con tu responsabilidad de querer vivir en un mundo mejor. Cuanto más generoso seas, más rico serás. Cuanto más mezquino seas, más vivirás en la pobreza del egoísmo.

《马踏飞燕》（青铜器）◎东汉

这是中国古代青铜雕塑的奇迹。天马凌空奔驰，超越于飞燕之上，整体造型飘逸俊美，充满动感。雕塑以飞燕和马蹄轻巧的接触，完美地解决了平衡问题，是青铜雕塑美学与技术上的奇迹。

Dinastía East Han

Caballo de Bronce Galopante en una Golondrina

34.5 × 45 × 13cm

Un milagro del arte y la técnica de bronce de la antigua China, el caballo está galopando en el cielo sobre una golondrina que está mirando hacia atrás con asombro. La escultura está 'perfectamente equilibrada sobre una pezuña que descansa sin presión sobre la golondrina........ con la cabeza expresando de manera vívida un valiente vigor".

马

马不能后退，它总是在前进。它是一种具备速度、耐力和方向感的动物，无论是个体还是群体，都能以力量和优雅的姿态立足。我们可以从马身上，学习感悟到很多有关力量、幸福和成功的东西。

CABALLO

Un caballo no puede correr hacia atrás, siempre avanzará. Es un animal de velocidad, resistencia y dirección, y puede cubrir terreno con poder y gracia, ya sea solo o en grupo. Del caballo podemos aprender mucho sobre la fuerza, la felicidad y el éxito.

第三部

财富

III

FORTUNA

尊重

在生活中，在事业上，做任何事都要公平。这样才能赢得尊重。如果你尊重别人，别人也会尊重你，如果你想要别人尊重你，却又不以公平或者尊重别人的方式做事，那么你也得不到尊重。想要被尊重其实很简单，你需要尊重他人，公平对待。

RESPETO

Cuando haces algo en la vida o en los negocios, debes hacerlo con justicia. Así es como se gana respeto. Si das respeto, te darán respeto. Si esperas respeto, pero no haces las cosas de una manera que sean justas para los demás o que respeten a los demás, entonces no te darán respeto. Realmente muy simple: para ser honrado con respeto, necesitas ser justo y mostrar respeto hacia los demás.

创新

创新是企业发展的源动力。它意味着不断挑战自我，意味着超越边界，超越现有框架，提升到一个新的境界。在经营企业时，你需要看到比企业现状更远的地方，站在更高的位置和视角。你需要面面俱到、事事理清。当然，创新应以市场为导向。如果你的创新不能满足市场需求，或者不符合社会需要，那就没有意义了。创新必须立足于它所处的环境与背景才能成功。

INNOVACIÓN

La innovación es la fuerza impulsora del desarrollo empresarial. Significa desafiarte a ti mismo constantemente. Significa entrar en una nueva frontera, más allá de las fronteras, más allá de los límites existentes. Si tienes un negocio, necesitas mirar más allá de lo que la empresa está haciendo actualmente para tener un punto de vista superior y una posición más alta. Necesitas poder mirar alrededor y ver claramente. Sin embargo, la innovación debe orientarse al mercado. Si tu innovación no satisface la demanda del mercado o si no satisface una necesidad social, entonces, no tiene sentido. La innovación debe estar conectada con su entorno y contexto para tener éxito.

贫穷

贫穷是暂时的。关键在于你的心态和精神。贫穷没什么可怕的。相反，你应该害怕的是缺乏自信、懒惰和道德败坏。贫穷是一时的。如果你能改变心态，如果你是一个勤奋且富有创新精神的人，你迟早会摆脱贫困。

POBREZA

La pobreza es temporal. La clave es tu mentalidad y tu energía. No hay que temerle a la pobreza. En su lugar, debes tenerle miedo de la falta de confianza, a la pereza y a la inmoralidad. La pobreza en sí misma no es el fin. Si eres capaz de cambiar tu mentalidad, si eres un gran trabajador y tienes un espíritu innovador, tarde o temprano estarás fuera de la pobreza.

能量

能量来自梦想。如果你有梦想，那么你就有能量和信心。如果你有信心，你就不会低估自己。这本身就是能量。更大的能量来自行善和感恩，以及人们看待你对待你的方式。行善会给予你能量。

PODER

El poder proviene de los sueños. Si tienes sueños, entonces tienes poder y confianza. Si tienes confianza, entonces, no te subestimes. Eso en sí mismo, es poder. Un poder aún mayor vendrá después a partir de la bondad del corazón y de ser agradecido. El poder se basa en la forma en que los demás piensan de ti y en cómo te tratan. La bondad te dará poder.

逆境

在我的商业生涯中，很多人试图向我们施加压力，操控我们，掠夺财富。有时企业几乎遭受毁灭性的打击。但最终，我们都挺过来了，因为我们心怀感激。我感谢那些让我们陷入困境的人。没有这些让我们痛苦并试图操控我们的人，我们就不会成长。我们感谢他们，因为他们是我们的『生命导师』。在他们的『磨难教导』下，我们变得百折不挠。

ADVERSIDAD

Durante mis años en los negocios, mucha gente ha intentado controlarnos, tomar nuestro dinero y presionarnos. Algunos momentos han sido casi catastróficos para el negocio. Pero, al final, ganamos por nuestro espíritu agradecido. Estoy agradecido a los que nos molestaron. Sin la gente que nos hizo sufrir y trató de controlarnos, no hubiésemos crecido. Les estamos agradecidos porque ellos son nuestros maestros de la vida. Somos más resistentes como resultado de sus enseñanzas.

金钱

钱，我们生不带来，死不带去。钱是个好东西，但我又能吃多少、喝多少？我的饮食很普通，因为我需要营养，但也就仅此而已。金钱之外，每个人都有无尽的财富，那就是爱心。当你付出爱时，你会觉得世界更加美好。金钱永远不会给人那种感觉。

DINERO

Nacemos y morimos sin dinero. El dinero es bueno, pero ¿cuánto puedo comer y beber? Mi comida es común porque necesito alimento y nada más. Independientemente del dinero, todas las personas tienen una riqueza inagotable bajo la forma de amor por los demás. Cuando pagas con amor, sientes que el mundo es aún más hermoso. El dinero nunca puede brindar ese sentimiento.

成功

成功源于自我努力、辛勤工作、目标明确，以及帮助他人。我希望别人也能通过这些方式获得成功。重要的是我们要记住，想要成功，想要实现目标，首先需要与人为善，相处融洽。

ÉXITO

El éxito viene del esfuerzo, de trabajar duro, de conocer tus metas, y de dar apoyo a los demás. Espero que otras personas encuentren el éxito en estas formas. Es importante para todos que recordemos que, para tener éxito, para lograr una meta, lo primero que se necesita es llevarse bien con la gente.

努力

个人努力在所有事情中至关重要。有时它很难，需要克服诸多障碍。但只有通过努力，包括精神和身体两方面的努力，我们才能达到目标。当然，个人的努力还不够，你还需要那些具备你所没有的天赋的人，需要他们与你共同努力来实现你的目标。

ESFUERZO

El esfuerzo personal es esencial en todas las cosas. A veces puede ser muy difícil y a veces hay que lidiar con muchos obstáculos. Pero sólo mediante el esfuerzo, tanto mental como físico, podemos lograrlo. Y el esfuerzo no puede darse solo: necesitas a otras personas que tienen talentos que tú no tienes y que están dispuestas a unir su esfuerzo con el tuyo para lograrlo juntos.

命运

这很重要。你需要付出努力，建立良好的基础，好运也会随之而来。幸运总是青睐努力的人。

勇敢

在你做一些公平有益的、对社会有所贡献的事情时，你会变得勇敢。所谓勇敢，就是用你的思想、你的心灵、你的双手为社会做出贡献。

DESTINO

Esto es muy importante. Tú necesitas hacer el esfuerzo por ti mismo, trabajar duro para construir buenos cimientos, y después vendrá un buen destino. El buen destino proviene de un gran esfuerzo.

VALENTÍA

Cuando haces algo que es justo, eso contribuye a la sociedad, entonces estás siendo valiente. Contribuir a la sociedad con tu mente, tu corazón y tus manos es justamente lo esencial de la valentía.

挑战

有人逃避挑战，有人把它看作机会。困难和挑战是生活的一部分，或大或小。挑战本身并不重要，重要的是我们如何看待它和解决它。我们如何应对挑战将决定我们成为什么样的人，决定我们能否克服面临的挑战和困难。

DESAFIO

Algunas personas huyen de los desafíos. Otros los ven como oportunidades. Las dificultades y los retos son parte de la vida, a veces son grandes y a veces pequeños. No es importante cuál es el reto, lo importante es cómo lo vemos y cómo lo abordamos. La forma en que nos enfrentamos a un reto es lo que nos define como seres humanos, y es lo que determina si vamos a superar el reto o la dificultad que estamos enfrentando.

财富

财富是一种责任。有些有钱人花钱只是为了享乐，为了自己，也许还有其他少数人。但对我来说，我觉得拥有的财富越多，所要承担的社会责任就越多。你花钱的目的，应当是帮助他人找到健康和财富，帮助那些因处境而缺少机遇的人。财富的真正价值和乐趣，是利用它给他人带来改变，而不仅仅是浪费在自己身上。真正的幸福是帮助他人，履行社会责任。

RIQUEZA

La riqueza es una responsabilidad. Algunas personas con riqueza sólo la utilizan para el disfrute, para sí mismas y, tal vez, para algunos otros. Sin embargo, para mí, creo que cuanta más riqueza tienes, más responsabilidad social tienes. Debes usar esa riqueza con un propósito, para ayudar a otros a encontrar la salud y para que ellos mismos encuentren la riqueza. Además, para ayudar a otras personas que, debido a su situación, tienen pocas oportunidades. El valor real y el disfrute de la riqueza es utilizarla para hacer la diferencia para los demás, no sólo desperdiciarla en ti mismo. La verdadera felicidad está en ayudar a los demás y cumplir con las responsabilidades de tener riqueza.

团队

团队既是一种管理体系，也是一种精神体系，二者共同推动目标的实现。有共同的目标，团结奋斗，公平回报，互相尊重、互相欣赏，才是一个能有效运作、做好事情的优秀团队。

领导力

领导力是一门艺术。个人价值观、自信和向他人展示自己的方式，都会逐步建立你的领导力。

EQUIPO

El equipo es un sistema de gestión y espíritu que se une para promover un resultado. Compartir un propósito, trabajar con esfuerzo, unirse, ser recompensados juntos de manera justa, respetar y disfrutar mutuamente, todo eso significa que un buen equipo trabajará bien unido para hacer cosas buenas.

LIDERAZGO

El liderazgo es el arte de ser. Los valores personales, la confianza, y la manera en que te presentas ante otros, todo construye tu liderazgo.

历史

历史可以是个人的历史，也可以是一个民族的历史，一个国家的历史，世界的历史。我们能从历史中学到很多。古代传统文化形成了我个人的历史背景和我们国家的历史背景。古代文化的影响随处可见，尽管不是每个人都能认识到这种影响的根源。我们也正在创造历史，它将影响未来的人们。我们都是历史长河的一部分，这条历史河流曾向我们，也终将流经我们继续向前。

HISTORIA

La historia puede significar la historia personal, la historia de un pueblo, de un país, del mundo. Pero podemos aprender mucho de la historia antigua. La cultura antigua ha formado mi experiencia y la historia de mi país. La influencia de la cultura antigua se puede ver en todas partes, aunque no todos reconocerán esas raíces. Y ahora estamos construyendo una historia que tendrá influencia en la gente del futuro. Todos somos parte del curso de la historia, el río que fluyó antes de nosotros y que también fluirá después.

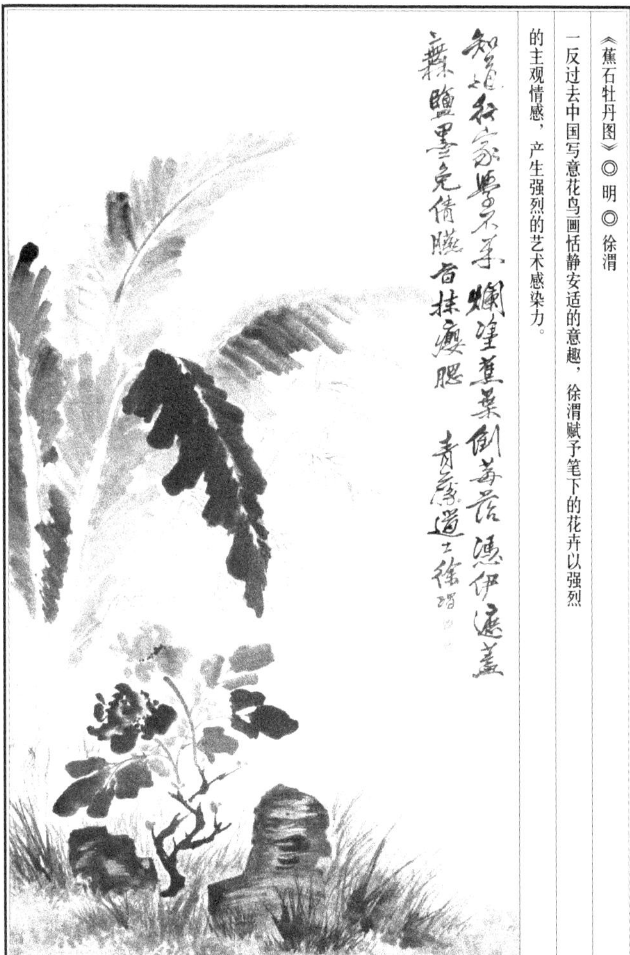

《蕉石牡丹图》◎明◎徐渭

一反过去中国写意花鸟画恬静安适的意趣，徐渭赋予笔下的花卉以强烈的主观情感，产生强烈的艺术感染力。

Dinastía Ming, Xu Wei, **Palma, Piedra y Peonía**

195 × 99cm

Xu Wei agrega un fuerte toque personal y emocional a sus pinturas, lo que hizo de sus obras un importante reto para la tradición de la pintura china, la cual aboga por la paz, la armonía y la tranquilidad.

决定

做出决定就要承担责任。领导者应该善于决策，因为那些擅长于此的人将获得团队的尊重。那些没有勇气做出决定、不能做出正确及时决策的人，不会是好的领导。

DECISIÓN

Tomar una decisión es asumir la responsabilidad. Los líderes deben ser buenos en la toma de decisiones porque aquéllos que son buenos en esto ganarán el respeto de sus equipos. Los que no tienen el coraje de tomar decisiones y no pueden tomar decisiones correctas y oportunas, no serán buenos líderes.

腐败

腐败是可耻的。它的存在令人难堪。在一个良好而公平的社会里，没有必要腐败。即使有些人被诱惑，他们周围的社会及他人，都应该态度明确：腐败是不对的。腐败不应成为任何人想要追求的生活方式。

CORRUPCIÓN

Es una lástima que la corrupción exista. Nos avergüenza a todos. En una sociedad buena y justa, no hay necesidad de corrupción. Incluso si algunas personas son tentadas a ser corruptas, la sociedad a su alrededor, todas las demás personas, deben dejar claro que no es correcto ser corruptos. No es así como queremos que sea la vida.

龙

龙是皇帝的象征，是中国文化的重要符号，它能凝聚人心，让人们为共同的事业齐心协力。

DRAGÓN

El dragón es un símbolo del Emperador. Es un ícono muy importante de la cultura china, ayuda a unir a la gente y mantiene a las personas centradas en las cosas que nos importan a todos.

动力

想要有动力，就要有梦想，有目标，并追求这个目标。要想拥有并保持生活的动力，你需要设定一个你想要做的或者想要实现的目标。你必须明确你为之奋斗的方向。否则你就不会有动力，你会漫无目的，或者在各种事务之间不停转移目标。

MOTIVACIÓN

Estar motivado es tener un sueño, tener un propósito, perseguir ese propósito. Para tener y mantener la motivación en la vida, necesitas establecer una meta, un objetivo, lo que quieres hacer o lograr. Tienes que saber dónde vas a estar realmente motivado. Si no tienes esto, no estarás motivado en la vida, te verás sin objetivos o te desviarás de una cosa a otra sin un verdadero interés o compromiso real.

前进

要开始新的事物，走一条不同的道路，你必须勇敢。但与此同时，要做到这一点，你需要放弃一些东西。因此，在人生中我们会挑选那些有价值、有意义的东西，放弃那些毫无价值的东西。你需要选择该选择的，放弃该放弃的。一旦做出决定，就应毫不犹豫。

AVANZAR

Para iniciar algo nuevo, para avanzar por un camino diferente, tienes que ser atrevido. Pero, al mismo tiempo, para lograr esto es necesario dar algo. Por lo tanto, en la vida recogemos cosas que vienen con valor y que vienen con significado, y renunciamos a cosas que no valen la pena. Tú necesitas elegir lo que es correcto recoger y necesitas elegir lo correcto para

另一个重要的问题是，你决不能脚踏两条船，否则你就会掉进水里。向前走，永远不要为自己留后路。一旦你知道自己有后路可走，你就难以专注于一往无前的道路。

dar. Cuando tomas la decisión, no debes dudar. Otro punto importante es que nunca debes poner los pies en dos barcos diferentes. Sujétate a uno o caerás al agua. Avanza y nunca te reserves un camino de regreso. Porque una vez que sepas que tienes un plan de respaldo, un camino de regreso, eso te impedirá dedicarte al camino a seguir.

时间

生命、工作和机遇都是可以用来体现时间价值的重要元素。有些东西在生命中是独一无二的，它们只发生一次或只在那一瞬间。很多人和事情，一旦错过就不再来。时光易逝永不回，我们必须珍惜时间。

TIEMPO

La vida, el trabajo y las oportunidades representan el tiempo, un elemento principal e importante. Algunas cosas son únicas en la vida, ocurren sólo una vez o por un tiempo corto. Si te pierdes esas cosas, entonces, el tiempo sigue y tú no puedes volver a ellas. El tiempo transcurrido no puede volver. Todos debemos apreciar el tiempo y comprender que pasa demasiado rápido.

不可能

不可能能被完成。不可能能成为可能。困难只是毛毛雨，不是暴风雨。细雨阻止不了人们前进。

斗牛士

生活中，我们应当像一个斗牛士。接受挑战，面对挑战，不畏惧挑战。坚守阵地，必要时稍作调整，但始终把你的目光、你的心思专注于成功上。

IMPOSIBLE

Lo imposible se puede lograr. Lo imposible puede ser posible. Las dificultades son sólo llovizna, no son una tormenta. La llovizna nunca impidió a nadie avanzar.

TORERO

En gran parte de la vida debemos ser como un torero. Aceptar el desafío. Enfrentar el desafío. No tenerle miedo. Mantente de pie, muévete un poco cuando sea necesario, pero mantén tus ojos, tu mente y corazón enfocados en el éxito.

道路

路是人走出来的。你不前进，就不能开辟道路。就生活中的大多数事情来说，在你迈进之前，并不存在明确的途径。随着你向前迈进，你开辟出了道路，然后进一步前行。

CAMINO

Los seres humanos hacemos caminos a medida que avanzamos. Si no estás avanzando, entonces, no estás haciendo un camino. Para la mayoría de las cosas en la vida, no existe un camino claro antes de seguir adelante. A medida que avanzas, creas el camino que luego te permite avanzar más.

中国

随着中国过去三十年经济的不断变革，政府和人民观念的改变，中国在不断进步。在此之前，中国是一头沉睡的雄狮。现在，它被唤醒了，成为世界经济和社会的中坚力量。

CHINA

China continúa creciendo debido a los últimos 30 años de reforma económica y debido a la cosmovisión del gobierno y del pueblo. Antes de eso, China era un león dormido. Ahora se ha despertado como un poder económico y social.

文明

文明和文化是相连的，二者在同步发展。我们有责任促成、理解、感激那些帮助我们持续朝着和谐统一美好社会前进的文明和文化的变化。

CIVILIZACIÓN

La civilización y la cultura están vinculadas. A medida que una se desarrolla, también lo hace la otra. Tenemos la responsabilidad de contribuir, comprender y apreciar los cambios en la civilización y en la cultura que nos ayudan a seguir avanzando hacia una mejor sociedad de armonía y unidad.

遗产

人生不带来死不带去。人的一生，应该为社会作贡献，这是我们所有人的责任，也是我们的荣幸。如果当我们离开时，人们能够记住我们，那才是我们留下的真正遗产。我们可能会留下其他东西，但最重要的遗产，是在我们离开之后，人们对我们的情感和看法。被看作是一个对他人和社会有所贡献的好人，是最重要的遗产。

LEGADO

La gente nace y muere sin nada. Durante tu vida, tienes que contribuir a la sociedad; ésa es la responsabilidad de todos nosotros, contribuir es el privilegio de todos. La manera en que la gente nos recuerda cuando nos vamos es el verdadero legado que dejamos. Podríamos dejar otras cosas, pero el legado más importante son los sentimientos y pensamientos que la gente tiene acerca de nosotros después de que nos hemos ido. El legado más importante es ser recordado como una buena persona que contribuyó con los demás y con la sociedad.

机会

无论你做什么，机会都是少有且珍贵的。有机会给你，这很宝贵。就我自己的经验而言，你一辈子也不会有很多机会，因此，一旦你有机会，一旦你看到了机会，你就应该牢牢抓住它。

OPORTUNIDAD

Hagas lo que hagas, la oportunidad es muy rara y muy valiosa. Es muy valioso tener una oportunidad disponible para ti. A partir de mi propia experiencia, no tienes muchas oportunidades en tu vida, así que, si tienes una oportunidad, si puedes ver una oportunidad en algún momento de tu vida, entonces, debes aprovecharla.

选择

当你做出了正确的选择，不要犹豫，不要怀疑。正确的决定其实很简单。为了确保你做出正确的决定，你必须看到事情背后的真相，而不是流于表面。你做出的决定，应当有益于人民，有益于企业，有益于社会。正确的决策背后是基于强大的道德观。

ELECCIÓN

Cuando haces la elección correcta, no hay vacilación ni duda. Por lo tanto, la decisión correcta es en realidad muy sencilla. Para asegurarte de que estás tomando la decisión correcta, tienes que buscar la verdad detrás de los hechos, en lugar de simplemente mirar lo que está en la superficie. La decisión que tomas debe traer beneficios a las personas, a los negocios y a la sociedad. Detrás de una buena decisión subyace una fuerte moral.

才能

我们所说的才能，是指一个人为社会作贡献、创造利益的能力。但才能的发挥需要信任。如果你信赖某人，你就给他展示才能的空间。把合适的人放在合适的位置，他们就能做好任何工作。

TALENTO

Cuando hablamos de talento, hablamos de capacidad y habilidad, lo que significa que una persona realmente puede contribuir a la sociedad y traerle beneficios. Pero el talento también tiene que ver con la confianza mutua. Si confías en alguien, le brindas espacio para contribuir y para mostrar sus propios talentos y capacidades. Si pones a la persona adecuada en el lugar correcto, podrá lograr cualquier cosa.

工作

工作是多层次的责任。它是你达成目标的途径，也是你养家糊口、建立友谊、维持你的公司、支持你的国家的方式。

传统

传统会随着社会的进步而发展改变。传统应当被尊重，但也要与时俱进。

TRABAJO

El trabajo es responsabilidad en muchos niveles. Es una manera de llegar a lo que quieres lograr, alcanzar un objetivo. Es una manera de apoyar a tu familia, de crear amistades, de apoyar a tu empresa y tu país.

TRADICIÓN

La tradición evoluciona con el progreso social. Cuando la sociedad mejora, la tradición también continúa. Las tradiciones deben ser respetadas, pero también deben cambiar para adaptarse al tiempo y a la gente de este tiempo.

非凡

我要做什么事时，总是试图创造一些不同的东西，不同于以往我做过的，也不同于以往别人做过的。做非凡的事情，就是创造能给许多人带来巨大快乐的一个个小的奇迹。

公司

企业小的时候是个人的，发展起来后，是国家的，是大家的，是社会的。它为社会大众的利益而存在。

EXTRAORDINARIO

Cuando hago algo, siempre trato de crear algo que sea diferente, que sume a lo que yo y a lo que los demás han hecho antes. Hacer algo extraordinario es crear un pequeño milagro que le trae gran alegría a muchas personas.

EMPRESA

Cuando la empresa es pequeña, es personal. Pertenece al fundador. Cuando es grande y exitosa, pertenece a su personal y a su país. Existe para el bien social.

执行

在执行过程中，把一个重大的、长期的目标分解成一个个可实现的短期目标，然后一个一个完成，这很重要。那些眼里只有长期目标的人往往根本不采取行动，因此他们失败了。当你一个接一个地完成小目标时，大的目标自然就会实现。因此，在制定小目标中，不要好高骛远，永远保持实际。人们认为成功来自于尝试不可能的事情，恰恰相反，它通常来自于踏实和效率。

EJECUCIÓN

En el proceso de ejecución, es de gran importancia dividir una meta importante a largo plazo en acciones realizables a corto plazo y luego completarlas una a una. Los que sólo se centran en el objetivo a largo plazo, por lo general no toman ninguna medida en absoluto, y por lo tanto fracasan. Cuando completas pequeños objetivos uno por uno, el gran objetivo será alcanzado de forma natural. Así que, en tus metas más pequeñas, no te extiendas demasiado, no seas muy ambicioso y siempre sigue siendo práctico. La gente piensa que el éxito viene de intentar lo imposible, pero, por el contrario, se trata de la modestia y la eficiencia.

《墨葡萄图》◎明◎徐渭

徐渭是明代书画和诗词大家。他为人狂放不羁，他的画同样惊世骇俗，打破了传统的手法、题材范畴和审美规范，自成一家。

这幅《墨葡萄图》风格疏放，不求形似，代表了徐渭大写意花卉的风格，也是明代写意花卉高水平的杰作。

Dinastía Ming, Xu Wei, **Uvas**

116.4 × 64.3cm

Xu Wei es uno de los pintores más grandes de la China antigua. Al igual que su personaje, su pintura es tan extravagante y desenfrenada que creó un género propio, "Vid Verde", el cual abre la puerta a la pintura China moderna. Esta es una obra maestra de Xu Wei, representa el más alto nivel de pintura china a pulso.

一线

有多少高级管理人员定期到一线探访？又有多少人了解员工面临的实际问题，并提出切实可行的解决方案？有多少经理让一线员工了解他的战略目标和管理理念，并对每个职位的职能有深刻的了解？又有多少经理亲自指导、激励和表扬他们的一线员工？公司的重要决策需要在一线落实，一个不经常探访一线，不了解来自一线的独特变化和挑战的经理，无法为他们的业务做出正确的决策。

PRIMERA LÍNEA

¿Cuántos gerentes senior visitan regularmente el personal de primera línea? ¿Cuántos reconocen los problemas reales que enfrenta su personal y proponen soluciones prácticas? ¿Cuántos gerentes transmiten a su personal de primera línea sus objetivos estratégicos y filosofías de gestión, y tienen un profundo conocimiento de las tareas y responsabilidades de cada una de las posiciones? ¿Cuántos gerentes entrenan, motivan y elogian personalmente a su personal de primera línea? La primera línea es el lugar donde ocurren las acciones más importantes para cualquier empresa. Un gerente que no visita regularmente y que no entiende los cambios únicos y los desafíos que vienen de la primera línea, no va a tomar las decisiones correctas para su negocio.

管理

管理者必须懂得如何与人真诚相处。真诚和真实能温暖人心，创造一种人人都能诚意行事的环境。这是个人和企业发展的绝佳氛围。一个真正可靠的人，更多的是理解和肯定，而非一味批评。这样的人不会冷漠，拒人于千里之外，而是热心、善于鼓舞士气的人。

GESTIÓN

Los gerentes deben saber cómo actuar de una manera genuina alrededor de las demás personas. Ser genuino y auténtico acogerá a muchos corazones y creará un ambiente en el que todos se sientan cómodos para actuar con sinceridad. Éste será un excelente ambiente para el desarrollo personal y empresarial. Una persona verdaderamente auténtica es menos crítica y más comprensiva y positiva. No es fría y no se ocupa a distancia de las personas, sino que, por el contrario, es cálida y alentadora.

竞争

商业竞争是血腥残酷的。这场比赛中唯一的规则就是从林法则——适者生存。优胜者获得奖赏，而弱者消失。狭路相逢，妥协意味着彼此各自让步，而竞争是将你的对手打倒出局。在竞争激烈的环境中，只有最勇敢的人才能胜出。获得竞争胜利的企业，也应为能够继续向员工提供稳定的工作和职业发展而感恩。

COMPETENCIA

La competencia en los negocios es sangrienta y cruel. La única regla en esta competencia es la ley de la selva: la supervivencia del más apto. Recompensa al superior y elimina al débil. El compromiso implica apartarse unos a otros por un sendero estrecho, pero la competencia consiste en derribar a tu oponente de ese camino. En un ambiente de competencia feroz, sólo los más valientes pueden ganar. El negocio que resulte victorioso debe ser agradecido por el hecho de poder seguir ofreciendo seguridad en el empleo y promoción profesional a su gente.

成就梦想：李金元语录

ISBN-10: 0-9994263-3-8
ISBN-13: 978-0-9994263-3-3

西班牙语翻译：Paola Rinaldi
特约西班牙语编辑：Adolfo Ruiz
装帧设计：视觉共振设计工作室

www.1plusbooks.com
旧金山，美国

Alcanzar tu Sueño: Reflexiones de Li Jinyuan

ISBN-10: 0-9994263-3-8
ISBN-13: 978-0-9994263-3-3

Traducción al Español: Paola Rinaldi
Editor Especial: Adolfo Ruiz
Diseño de PanGo Vision
Publicado en los Estados Unidos por 1 Plus Publishing & Consulting

www.1plusbooks.com
San Francisco, EE. UU.

www.ingramcontent.com/pod-product-compliance
Lightning Source LLC
Chambersburg PA
CBHW070737220326
41598CB00024BA/3454
* 9 7 8 0 9 9 9 4 2 6 3 3 3 *